Bartig-Prang

DIE EINFACHSTEN BREIFREI-REZEPTE ALLER ZEITEN

Tatje Bartig-Prang hat selbst drei Kinder, kennt sich bestens mit der Beikost ohne Breitabelle aus und weiß, welche Rezepte schnell und unkompliziert ab Beikoststart funktionieren. Die studierte Kulturwissenschaftlerin arbeitet als freie Journalistin, Dozentin und Autorin mit dem Schwerpunkt Familien. Sie betreibt eine Fortbildungsplattform für Hebammen, Ernährungsberaterinnen und Fachpersonal der Elternarbeit. Sie lebt mit ihrer Familie auf einem Bauernhof in Norddeutschland.

Tatje Bartig-Prang

DIE EINFACHSTEN BREIFREI-REZEPTE ALLER ZEITEN

TRIAS

ERDNUSS-STEW
JUHUUU!!!

WO IST DIE
MAMA-SCHILDKRÖTE?

Soooooo....

EINFACH!

+

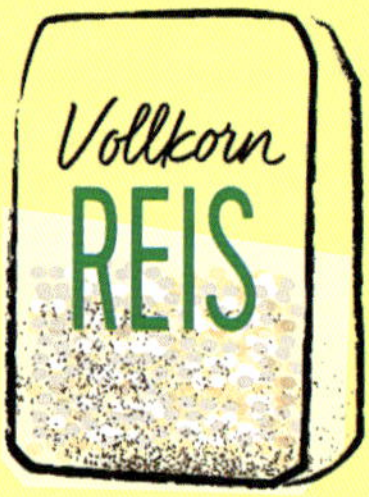

+

=

JA, BEIKOST DARF EINFACH SEIN!

Breifrei, Baby-led Weaning (BLW), babygeleitete Beikost, Fingerfood – viele ähnliche Namen für die gleiche Sache: Mitessen an einem leicht angepassten Familientisch.

Dazu müssen Sie keine komplizierten Rezepte befolgen oder Ihre Koch- und Ernährungsgewohnheiten komplett über den Haufen werfen, im Gegenteil: Solange Sie Ihrem kleinen Essanfänger keine stark gesalzenen oder gesüßten Speisen anbieten und auf Fertiggerichte verzichten, können Babys mit etwa einem halben Jahr fast alles probieren und essen, was auch Sie gern mögen. Vorbei sind die Zeiten, in denen Sie dreistellige Beträge für Breigläser ausgegeben haben, die häufig noch halbvoll zurückblieben. Vorbei auch das Extra-Kochen und Einfrieren in Eiswürfelformen, das Ihre Kühltruhe schnell voll, aber Ihr Kind nicht unbedingt glücklicher macht. Kinder möchten meistens am liebsten das essen, was Sie auch zu sich nehmen.

Für einen leichten Einstieg ins Kochen für alle bietet Ihnen dieses Buch eine Auswahl an Gerichten, die der ganzen Familie schmecken und jeweils mit höchstens sechs Zutaten und daher ohne lange Einkaufslisten zuzubereiten sind. Was gebraucht wird, sehen Sie auf einen Blick, denn alle Zutaten sind abgebildet. Wahrscheinlich können Sie auf Rezepte bald verzichten, wenn Sie sich von der Idee verabschiedet haben, dass Babys eine hochkomplexe Spezialkost benötigen. Belohnt werden Sie mit kürzerer Vorbereitung, entspannteren Mahlzeiten und einem gut gelaunten Kind, das die Welt des Essens fröhlich und ohne Druck erkunden darf.

Guten Appetit

Ihre Tatje Bartig-Prang

SECHS ZUTATEN SIND GENUG!

Es gibt jede Menge leckere Gerichte – die meisten davon sind leider oft ziemlich kompliziert. Einkaufen gleicht einem Marathon, weil die Liste der Zutaten lang ist. Meine Rezepte enthalten höchstens sechs Zutaten, aus denen Sie schnelle, einfache, aber trotzdem schmackhafte Gerichte zaubern können. Salz, Pfeffer und eine Ölsorte Ihrer Wahl, Ihr »Familienöl«, sind nicht in die Zutatenliste eingerechnet, denn diese drei Dinge sollten Sie immer im Haus haben.

SALZ

Vielleicht haben Sie auch schon einmal irgendwo gehört, dass Babys kein Salz zu sich nehmen dürften, und fragen sich, was Salz überhaupt auf der Zutatenliste für ein Baby-Kochbuch verloren hat. Dass Babys überhaupt kein Salz essen dürfen, stimmt allerdings nicht. Sogar in Muttermilch ist Salz enthalten – nur eben in überaus geringen Mengen. Ganz ohne Salz könnte der menschliche Körper gar nicht funktionieren – auch nicht der eines Babys oder Kleinkindes. Richtig ist aber natürlich, dass die meisten Nahrungsmittel bereits von Natur aus genug Salz enthalten, um diesen minimalen Salzbedarf zu decken. Die meisten Ernährungsfachleute empfehlen deshalb, auf zusätzliches Salzen zu verzichten. Einige Rezepte funktionieren allerdings nicht oder nur schlecht ohne eine Extragabe Salz, denn besonders Teige sind auf die backtechnischen Eigenschaften angewiesen, die ihnen nur Salz verleiht. Der Salzgehalt in meinen Rezepten ist allerdings so gering, dass auch Essanfänger problemlos mitschlemmen können.

PFEFFER

Pfeffer ist ein Gewürz, das lange lagerfähig und zu einem günstigen Preis überall erhältlich ist – ein Allround-Talent zum geschmacklichen Aufpeppen vieler Speisen. Gerade im zweiten Lebenshalbjahr entwickeln einige Kinder eine Vorliebe für Scharfes wie Pfeffer oder auch scharfe Zwiebeln. Das ist ernährungsphysiologisch erst einmal völlig unbedenklich, solange Sie es nicht übertreiben und Ihr Kind vor Geschmacksreizen schützen, die ihm Unbehagen oder sogar Schmerzen zufügen könnten.

In den meisten meiner Rezepte nutze ich statt Pfeffer gerne frische oder tiefgefrorene Kräuter wie Basilikum, Petersilie oder Schnittlauch. Ein kleiner Gewürzgarten auf der Fensterbank liefert Ihnen und Ihrer Familie stets zuverlässig vielfältigste Aromen und Geschmäcker auf die Teller. Frischer geht's nicht! Sie brauchen also nicht auf das Würzen zu verzichten, sollten allerdings Ihrem Kind nichts stark Gesalzenes oder mit Geschmacksverstärkern und Aromastoffen angereicherte, industrielle Fertignahrung anbieten.

ÖL

Über Öl schwirren viele Gerüchte und wilde Halbwahrheiten herum – das beste Öl für Ihr Baby ist das Öl, dass Sie ohnehin benutzen. Es spielt keine Rolle, ob kalt gepresst oder ob aus Olive, Raps oder Sonnenblume gewonnen. Der mit Abstand wichtigste Faktor für ein gutes Öl ist die Standzeit in Ihrer Küche. Denn je länger ein Öl lagert, desto mehr steigt sein Gehalt an sogenannten Peroxiden. Peroxide bilden Radikale, die in größeren Mengen schädlich sein können. Wenn Sie also ein spezielles Beikostöl kaufen, wird diese Extra-Flasche, die Sie nur für Ihr Baby nutzen, eine längere Standzeit und damit einen höheren Peroxidgehalt aufweisen als das Öl, dass Sie regelmäßig verbrauchen und neu kaufen, weil Sie es für die ganze Familie nutzen. Darüber hinaus entstehen Peroxide in Plastikflaschen schneller als in Glasflaschen.

Die weiteren Zutaten meiner Rezepte bestehen aus einer bunten Mischung aus Obst und Gemüse, aber auch aus Fleisch, Hülsenfrüchten, Milchprodukten, Fetten und natürlich vielen Kohlenhydratlieferanten. Gerade Obst und Gemüse können Sie vielfältig variieren – je nachdem, was Ihnen und Ihrem Kind schmeckt und was gerade Saison hat.

NUR MUT: SO EINFACH GEHT BABY-LED WEANING!

Vielleicht fragen Sie sich nun, ob Sie überhaupt spezielle Rezepte benötigen. Die Antwort lautet: Kommt drauf an. Kochen Sie doch einfach die Rezepte aus diesem Buch nach, die Sie am meisten ansprechen. Sie werden schnell den Dreh raushaben und fast jedes x-beliebige Gericht aus Ihrem althergebrachten Familientisch-Repertoire mit ein paar einfachen Kniffen für Ihren kleinen Essanfänger anpassen können.

Exakte Angaben über Zutaten und Mengen ergeben heute keinen Sinn mehr, weil sie auf dem verfrühten Ersatz der Milchnahrung durch andere Lebensmittel beruhen. Besonders – aber nicht nur – gestillte Kinder erleben das Entwöhnen aber als einen langsamen Prozess über viele Monate oder Jahre. Dieser sanfte Übergang ist der Normalfall – möchten Sie aber bereits mit vier oder sechs Monaten innerhalb weniger Wochen große Teile der Milchnahrung durch Brei ersetzen, müssen Sie sehr exakte Vorgaben berücksichtigen, um keine Schäden bei Ihrem Kind zu verursachen. Heutzutage ist zum Glück auch für Menschen, die nicht oder nicht mehr stillen, künstliche Säuglingsnahrung verfügbar, die ergänzend zur langsamen Einführung von Beikost gegeben werden kann, sodass auch hier kein Kind zum Essen genötigt werden muss.

WAS MUSS JEDEN TAG AUF DEN TISCH?

Schauen wir uns die einzelnen Komponenten eines gängigen Brei-Fütterplans an – in diesem Fall des Plans der Bundesanstalt für Landwirtschaft und Ernährung (BLE) –, sehen wir, was jeden Tag angeboten werden sollte: Gemüse, Kartoffeln, Fleisch, Obst, Milchprodukte und Getreide – begleitet von Stillen nach Bedarf oder ersatzweise künstlicher Säuglingsmilch. Klingt nicht so schwierig, oder? Ist es auch nicht!

Sie müssen sich auch nicht damit belasten, bestimmte Lebensmittel zu bestimmten Tageszeiten anzubieten. Dass Gemüse, Kartoffeln und Fleisch häufig mittags auf den Tisch kommen, hat schlicht kulturelle Gründe: In vielen Familien wird mittags eine warme Mahlzeit mit eben diesen Komponenten gegessen. Da wir aber nicht mehr im Jahr 1955 leben, gibt es inzwischen wahrscheinlich mehr Familien, die arbeitszeitbedingt eine große, gemeinsame Familienmahlzeit eher gegen Abend einnehmen. Kein Problem! Wie, wann und auch was Sie im Einzelnen essen, muss zu Ihnen und Ihrer Familie passen. Alles andere ist mittelfristig ohnehin nicht von Erfolg gekrönt.

Natürlich ist das kein Freibrief dafür, jeden Tag Tiefkühlpizza und Pommes frites zu servieren: Vielfältig sollte das Essen sein und weder stark gesalzen noch stark gezuckert. Wer darauf achtet, jeden Tag von allem etwas anzubieten, dabei einen Bogen um Fertiggerichte und für Kleinkinder gefährliche Lebensmittel wie Nussstücke, ganze Trauben und natürlich Alkoholhaltiges macht, muss kein Ernährungswissenschaftler sein, um sein Kind gut zu versorgen.

Die Weltgesundheitsorganisation (WHO), die eigentlich maßgebende Instanz auch für Deutschland, sieht die Sache dann auch deutlich entspannter, denn sie ist, wie der Name schon vermuten lässt, weltweit tätig, und global gesehen essen die meisten Menschen eben nicht jeden Tag ein Gemüse-Kartoffel-Fleisch-Gericht und schon gar nicht zu Mittag. Deshalb empfiehlt die WHO vor allem ein Angebot aus dem, was die Erwachsenen essen, unter besonderer Berücksichtigung kalorien- und nährstoffreicher Nahrungsmittel: Mais, Maniok, Hirse, Öl, Zucker, Milch, Fleisch, Nüsse, Reis, Bohnen, Eier, Bananen, Brot, Linsen, Kürbis, Fette, Käse, Süßkartoffeln, Blattgemüse und Orangen werden beispielhaft genannt. Klingt gleich viel exotischer, unterscheidet sich aber bei genauerer Betrachtung nährstoffmäßig nicht wirklich stark von der erzteutonischen Kartoffel-Karotten-Rindsmischung, kombiniert mit dem ebenfalls eher unspektakulären, aber leckeren Apfel-Grießbrei.

10-PUNKTE-PLAN FÜR SCHNELLSTARTER

Sie haben sich entschlossen, Ihr Baby selbst essen zu lassen? Super. Darauf sollten Sie achten:

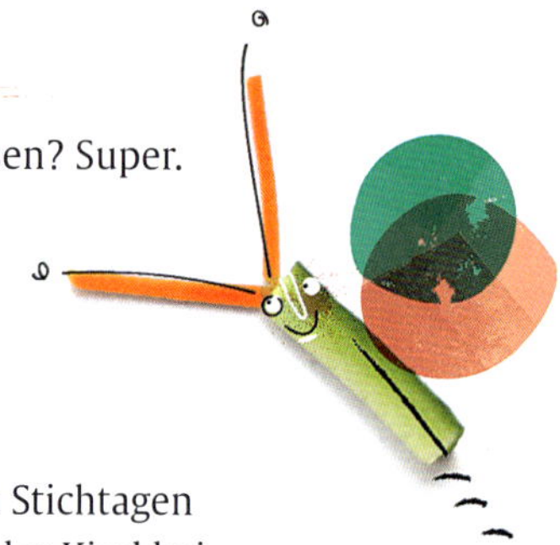

1. *Sie bleiben entspannt.*

Sie vertrauen Ihrem Baby und lassen sich nicht von Stichtagen stressen: Mit etwa einem halben Jahr ist ein gesundes Kind beikostreif. Außerdem erzeugen ein heruntergefallener Brotkanten und ein Klecks Tomatensauce auf Ihrem Küchenfußboden bei Ihnen keine hektischen Flecken.

2. *Ihr Kind ist gesund und altersgerecht entwickelt.*

Wie Sie das wissen? Ganz einfach: Wenn Ihnen nichts merkwürdig vorkommt, ist mit Ihrem Kind aller Wahrscheinlichkeit nach alles in Ordnung – und der Kinderarzt Ihres Vertrauens guckt bei den Vorsorgeuntersuchungen ja auch nochmal hin, wenn es Sie beruhigt. Übrigens: Auch wenn Ihr Kind Entwicklungsbesonderheiten aufweist, bedeutet das nicht automatisch Breifüttern – im Gegenteil! Kinder mit besonderen Herausforderungen profitieren häufig von selbstbestimmter Beikosteinführung, aber natürlich sollten Sie sich in besonderen Situationen auch speziell beraten und begleiten lassen.

3. *Ihr Baby erhält Milchnahrung nach Bedarf*

Normalerweise bedeutet das: Sie stillen Ihr Baby nach Bedarf. Es darf also Häufigkeit, Dauer und Brustseite selbst wählen. Falls Sie nicht stillen oder abpumpen, füttern Sie sogenannte »Pre«-Milch ebenfalls so weit wie möglich nach Bedarf.

4. *Ihr Baby hat die Beikostreife erreicht.*

Es kann mit wenig oder ohne Unterstützung sicher auf Ihrem Schoß sitzen. Es kann Hand, Augen und Mund so koordinieren, dass es sich selbstständig Speisen zuführen kann, und es versucht nicht mehr, feste Nahrung reflexartig mit der Zunge aus dem Mund zu schieben.

5. Sie bieten eine gute und ausgewogene Familienkost an.

Fast Food und Fertigprodukte sowie stark gesalzene bzw. gesüßte Speisen stehen genauso wenig auf dem Speiseplan wie Honig, Alkohol, harte oder feste runde Stücke oder lebensmittelhygienisch zweifelhafte Lebensmittel. Sonst darf Ihr Baby wirklich so gut wie alles essen. Sehr unkompliziert! Die versteckten Gefahren lauern vor allem in stark vorverarbeiteter Nahrung. Da weiß man häufig auch nach genauer Lektüre des Etiketts nicht mehr als vorher. Deshalb: Verzichten Sie möglichst auf Fertigprodukte!

6. Sie bieten Ihrem Baby die Gelegenheit, mehrmals täglich am Essen teilzunehmen.

Ihr Kind nimmt an allen (oder an fast allen) Mahlzeiten teil, die auch Sie einnehmen, und sitzt aufrecht (zum Beispiel auf Ihrem Schoß oder in einem geeigneten Hochstuhl), liebevoll begleitet und in Reichweite eines passenden Nahrungsangebots.

7. Ihr Baby isst nur unter Aufsicht eines Erwachsenen.

Wie auch in der Breifütterung nach dem klassischen Schema sollte ein Baby nie mit Essen allein gelassen werden, sondern zugewandt und aufmerksam von einem Erwachsenen begleitet werden.

8. Ihr Baby isst nur in aufrechter Haltung.

Nur in aufrechter Position kann sich Ihr Baby problemlos wieder selbst regulieren, sollte es sich einmal verschlucken. Das gilt für das Löffelfüttern genauso.

9. Ihr Baby isst selbstbestimmt.

Das heißt, Sie stecken ihm nichts in die Mundhöhle hinein. Sie wenden keine Festhaltestrategien oder Füttertechniken an, die Ihr Baby »überlisten« sollen.

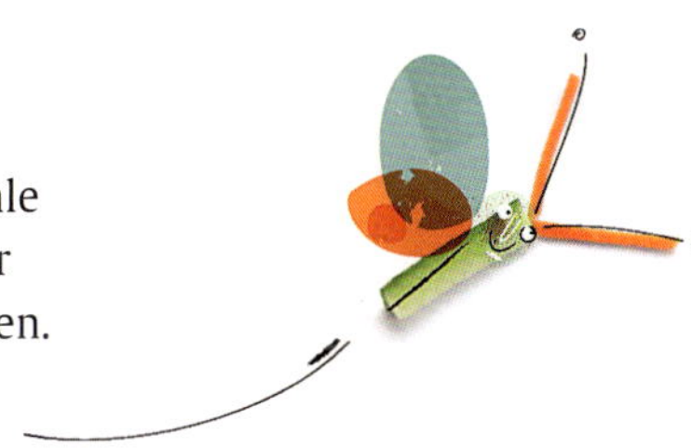

10. Sie bleiben weiter entspannt!

Sie haben die innere Ruhe, auch dann entspannt zu bleiben, wenn Tante Uschi zum 12. Mal fragt, wann das Baby denn »mal etwas Richtiges bekommt«.

Super – dann nichts wie los!

AMMENMÄRCHEN: BESUCH VON TANTE USCHI

Vielleicht kennen Sie Tante Uschi bereits aus meinen anderen Büchern: »Tante Uschi« steht sinnbildlich für alle gut gemeinten und dabei selten hilfreichen Ratschläge von all den wohlmeinenden Tanten, Onkeln, Müttern, Schwiegereltern oder Arbeitskollegen da draußen. Das Gemeine: Tante Uschis Tipps nerven nicht nur, sondern verunsichern oft auch. Deshalb hier eine kleine Zusammenfassung der häufigsten Ammenmärchen und Irrtümer zu Baby-led Weaning und was wirklich dahintersteckt. Tante Uschi sagt …

Kinder müssen essen, was auf den Tisch kommt!
Isst Tante Uschi denn selbst, was auf den Tisch kommt? Jeder Mensch hat bestimmte Abneigungen, die sich im Laufe eines Lebens oder sogar im Laufe ein und desselben Tages verändern. Es gibt keinen Grund dafür, dass Kinder immer alles essen müssen, was auf dem Tisch steht. Und selbst wenn man sein Kind dazu zwingen würde, erreichte man damit wohl das Gegenteil. Denn ein Kind, das beim Essen viel Druck kennenlernt, wird im späteren Leben eher ein weniger abenteuerlustiger Esser werden. Das heißt natürlich nicht, dass Sie sich in einen ewigen Strudel aus Extra-Würsten und separat Gekochtem begeben müssen. Grundsätzlich gilt für Kinder nichts anderes als für Erwachsene am Tisch: Wem etwas nicht schmeckt, der bekommt entweder eine einfache Variation (Pizza ohne Pilze, Nudeln ohne Sauce …) oder eine einfache Alternative (ein belegtes Brot, einen Joghurt …).

Brei gab es immer, was soll der neumodische Unsinn? Belege für spezielle, zähflüssige Kost für Säuglinge finden wir im größeren Stil erst seit der Industrialisierung. Also seit höchstens 250 Jahren. Bis in die Nachkriegszeit war es auch in Deutschland vielerorts, besonders in ländlichen Gebieten, noch der Normalfall, dass Kinder vom leicht angepassten Familientisch mitaßen. Weltweit ist diese Form der Ernährung auch heute noch normal. Übrigens: Es gibt erste, spannende Untersuchungen an Schädelknochen, die darauf hindeuten, dass das Wegfallen von zum Kauen anregender Kost mit Beikostbeginn immense Auswirkungen auf Mund-, Kiefer- und Zungenfunktion für das gesamte weitere Leben hat.

Gemüse ist gesund – Hauptsache Karottensaft. Ja, Gemüse ist etwas Feines, aber nur als Teil einer ausgewogenen Ernährung – nicht als alleiniger oder Hauptbestandteil. Denn während Gemüse mit vielen wichtigen Nährstoffen aufwarten kann, fehlen ihm die Kalorien. Ein ganzes Gläschen Karottenbrei klingt erstmal viel und Babys Magen ist dann gewiss auch randvoll, aber Energie hat Ihr Kind mit der Karotte kaum getankt. Die gleiche Menge Muttermilch lieferte weit mehr als das Doppelte an Energie.

Muttermilch reicht jetzt nicht mehr. Ein bisschen recht könnte Tante Uschi haben. Denn um den 6. Monat sollte Milchnahrung durch Beikost ergänzt werden. Aber vorher ist ein gesundes Kind am besten mit Muttermilch oder einer Säuglingsanfangsnahrung ernährt. Und auch danach findet die Ergänzung durch Beikost ganz langsam statt. Die WHO sieht es bis zum 1. Geburtstag als unproblematisch an, wenn bis zu 50% der Kalorien noch aus Muttermilch stammen. Also keinen Stress!

Mein Ehrenfried-Günther hat immer brav sein Breichen gegessen. Irgendwie ist die Fähigkeit zur Verdrängung und zum Beschönigen auch eine gute Sache, oder? Ist Ihnen schon mal aufgefallen, dass Tante Uschis Kinder alle mit wenigen Wochen (oder sogar Tagen?) durchgeschlafen haben, alles gegessen, sich immer die Hände gewaschen und stets hochmotiviert in die Schule gegangen sind? Lassen Sie sich nicht ins Bockshorn jagen! Tante Uschis Behauptungen klingen deshalb so glaubwürdig, weil sie tatsächlich selbst der felsenfesten Überzeugung ist, dass das damals so war.

Und später im Leben isst dein Kind dann wie ein Schwein. Jemand isst wie ein Schwein – was bedeutet das eigentlich? Dass er oder sie sich nicht an gesellschaftlich tolerierbare Tischsitten hält. Und wie lernt man diese Sitten? Durch Vorbilder und nicht dadurch, das sinnliche Erfahrungen unterbunden werden. Matschen und Schmieren ist eine kurze Phase, die auch ausschließlich gefütterte Kinder durchleben. Egal, ob gefüttert oder selbst essend: Dem Baby sollten nie die Händchen festgehalten oder weggedrückt werden.

KANN ICH ETWAS FALSCH MACHEN?

Baby-led Weaning ist insgesamt viel weniger fehleranfällig als Breifahrpläne, weil die meisten von uns Ernährung nicht noch einmal komplett neu lernen müssen, wenn ein Baby auf die Welt kommt. Klar, ein neuer kleiner Esser ist ein hervorragender Anlass, die eigene Ernährung bewusst zu optimieren, aber eine leicht angepasste Familienküche – also das, was bei Ihnen sowieso schon häufig auf dem Tisch steht – ist absolut ausreichend. Wenn Sie nun allerdings komplett neue Zutatenlisten und Zubereitungsarten ausprobieren, haben Sie auch größere Chancen, dabei etwas falsch zu machen. Die meisten Familien dampfgaren zum Beispiel ihr Gemüse nicht, sondern kochen es. Wenn eine Familienportion davon gekocht wird, ist das auch kein Problem, aber wenn Sie eine Pastinake in zwei Litern Kochwasser ihre einsamen Runden drehen lassen, gießen Sie später viele Nährstoffe in den Ausguss.

Ein besonders häufiger Ernährungsfehler bei Brei ist, dass Breigläser und Baby-Fertigkost aus dem Drogeriemarkt häufig als von vornherein unbedenklich wahrgenommen werden. Auf dem Glas steht »ab X Monaten«, und man denkt natürlich, diese Angabe habe irgendeinen ernährungswissenschaftlichen Hintergrund. Eine Fehlernährung mit Fertigbrei ist also leicht möglich, wenn man zum Beispiel den »Schokoladenkeksbrei« oder den »Erdbeerkuchenbrei« wählt, der vom selben Hersteller im gleichen Design in der gleichen Verpackung vertrieben wird wie der Hühnchen-Brokkoli-Kartoffel-Brei.

Baby-led Weaning hat aber tatsächlich eine andere Fehlerquelle, vor der Sie sich hüten sollten: Die Anpassung und Optimierung Ihrer eigenen Ernährungsweise ist eine tolle Sache. Völlig neue und gerade für Babys und Kleinkinder häufig gefährliche oder zumindest problematische Ernährungstrends mitzumachen, ist aber nicht so toll. Zum Beispiel führt die Angst vor »industriell hergestelltem Zucker« in Breifrei-Kreisen manchmal dazu, dass exzessiv mit Datteln und anderen starken Süßungsmitteln gebacken und gekocht wird. Die Herkunft der Süße ist allerdings ernährungsphysiologisch im Prinzip unwichtig. Wichtig ist, dass ein Baby nicht durch süße Snacks blitzschnell seinen Kalorienbedarf deckt und dann keinen Platz mehr für die ganze Bandbreite der wichtigen Nährstoffe hat, die in anderen Nahrungsmitteln enthalten sind.

Und haben Sie bitte keine Angst davor, dass der heimlich zugesteckte Keks des älteren Geschwisterkindes Ihr Baby nun unwiderruflich auf Süßes gepolt hat. So funktioniert das glücklicherweise nicht! Die Präferenz für Süßes ist angeboren und eine höchst sinnvolle Einrichtung. Muttermilch ist extrem süß und viele giftige und ungenießbare Speisen sind es nicht. Die Vorliebe ist also in individuell etwas unterschiedlichen Ausprägungen bei gesunden Kindern ohnehin vorhanden. Wenn in Ihrer Familie aber regelmäßig Süßigkeiten auf dem Speiseplan stehen, begünstigt diese Ernährungsweise Übergewicht und bestimmte Krankheiten. Egal, ob Sie die Dattelriegel selbst herstellen oder kaufen.

Neben der Angst vor »Zucker« kursieren auch in den Medien immer wieder Meldungen, dass Tiermilchprodukte, Eier oder Fleisch – wahlweise auch alles zusammen – schädlich seien. Daraufhin lassen manche Eltern diese Produkte einfach weg und kochen nur noch mit Pflanzendrinks. Haferdrink, Tofu und Co. ersetzen allerdings nicht so ohne Weiteres alle Nährstoffe aus tierischen Produkten. Ähnliches gilt für den Verzicht auf Gluten, das Klebereiweiß, das in vielen Getreidearten vorkommt. Auf Gluten sollte nur jemand verzichten, der an einer ärztlich diagnostizierten Zöliakie, einer Glutenunverträglichkeit, leidet. Für gesunde Menschen wird der Verzicht nicht empfohlen, auch nicht für Babys und Kleinkinder. Falls Sie also vorhaben, auf eine gesamte Lebensmittelgruppe oder Teile dieser zu verzichten, nehmen Sie vorher eine qualifizierte Ernährungsberatung in Anspruch.

Die häufigste Fehlerquelle bei Baby Led Weaning ist also, es zu gut machen zu wollen. Denken Sie daran: Gut ist gut genug – es muss nicht perfekt sein!

DEN FAMILIENTISCH DECKEN

Der Markt ist überschwemmt mit Kindertellern, Kinderbesteck, Kinderstühlen und vielen anderen Utensilien, von denen die meisten völlig überflüssig sind. Im Grunde genommen müssen Sie anfangs rein gar nichts extra anschaffen, denn gerade wenn Ihr Baby seine Rumpfkontrolle noch nicht über einen längeren Zeitraum aufrechterhalten kann und sich an das sichere, selbstständige Sitzen noch herantasten muss, gibt ihm Ihr Schoß die zusätzliche Sicherheit und Stabilität, die es benötigt, um sich etwas zu essen zu nehmen und erfolgreich zum Mund zu führen.

Ein Hochstuhl ist allerdings nach einigen Wochen für die meisten Familien eine lohnende Investition. Wichtig ist, dass der Stuhl mehrfach in Höhe und Tiefe verstellbar ist und unbedingt über eine Fußstütze verfügt. Trotz Gurt sollte Ihr Kind niemals ohne direkte Aufsicht im Hochstuhl sitzen, da sonst in Sekundenschnelle schwere Stürze erfolgen können.

Was Besteck und Geschirr angeht, ist natürlich erlaubt, was gefällt; allerdings tun es hier in der Regel auch Ihre normalen Küchenutensilien. Sehr spitze oder gar scharfe Gegenstände haben natürlich in Kinderhand nichts verloren, aber viele Kinder lieben es, ein eigenes Gedeck zu haben: einen Teelöffel und später eine Gabel mit abgerundeten Zinken und im 2. Lebensjahr vielleicht sogar ein kleines, stumpfes Messer zum Streichen. Teller und Becher müssen keinesfalls zwangsläufig aus Plastik sein; mit schwerer zerbrechlichem Geschirr kommen Kinder in der Regel gut zurecht. Unbedingt wichtig: Das Glas oder der Becher dürfen nicht so dünn sein, dass sie zerbissen werden können, sonst können Scherben in den Mund gelangen und schwere Verletzungen verursachen. Manche Eltern lieben Teller mit Saugnäpfen oder Teller komplett aus Silikon, die am Tisch haften. Aber denken Sie daran: Das Herunterwerfen von Geschirr ist eine kurze Phase, die in der Regel nicht abgekürzt und auch durch die meisten noch so ausgeklügelten Gadgets nicht verhindert werden kann.

Egal, wie Sie den Familientisch herrichten: Machen Sie es sich nett, ohne Ihr Kind durch bestimmte »Tricks« oder Hilfsmittel zum Essen animieren zu wollen. Eine positive, mit Liebe vorbereitete Essumgebung ohne Druck und Zwang ist das Beste, was Sie Ihrem Kind am Familientisch bieten können.

KINDERMUND

Kinder essen (noch) nicht wie Erwachsene – aber fast! Wir dürfen Ihnen ruhig schon eine Menge zutrauen, solange wir die grundsätzlichen Sicherheitsregeln beachten, die aber ganz genauso für die klassische Löffelfütterung gelten (siehe Kapitel 10-Punkte-Plan für Schnellstarter, Seite 12). Die Besonderheit bei BLW: Ihr Kind darf sich immer wieder an unterschiedlichen Konsistenzen und Beschaffenheiten ausprobieren. Weiche, stückige, schmelzende oder flüssige Nahrungsmittel stimulieren den Mundraum und die Kau- und Schluckvorgänge ganz unterschiedlich, sodass auch die kindliche Mundmuskulatur auf vielfältigste Weise trainiert

wird. Das hilft beim Sprechenlernen und kann unter Umständen sogar Zahn- und Kieferfehlstellungen vorbeugen.

Die einzelnen Rezepte habe ich deshalb zur schnellen Orientierung mit den gängigsten Konsistenzen markiert:

Weich: Nahrungsmittel, die weich, aber nicht flüssig sind, laden dazu ein, eine spannende, neue Fähigkeit langsam zu perfektionieren: etwas mit der Zunge am Gaumen zu zerdrücken.

Stückig: Stückige Nahrung für Essanfänger darf natürlich keine prallen, harten oder annähernd runden Stücke enthalten, die für das Kind vielleicht eine Gefahr darstellen könnten. Aber Fleischstücke, Nudeln oder gegartes Gemüse – häufig in Kombination mit einer flüssigeren Komponente wie einer Soße – stimulieren besonders gut die seitwärts gerichteten Zungenbewegungen. Sehr früh verstehen es BLW-Kinder, die Happen zielsicher zwischen die meist noch zahnlosen, aber harten Kauleisten zu schieben und sie effektiv zu zerkleinern.

Schmelzend: Schmelzende Lebensmittel wandeln ihre Konsistenz im Mundraum zum Beispiel durch Temperatur oder Verweildauer. Ein Sorbet oder ein Eis regt die Sinne an und stellt für Essanfänger ein richtiges kleines Abenteuer dar. Auch Pürees oder Breie, die durch Speichelfluss weiter verdünnt werden, vermitteln im Mund einen »schmelzenden« Charakter.

Flüssig: Flüssigkeiten wie Getränke oder Suppen sollten mit Vorsicht und in Maßen genossen werden. Das durstlöschende Getränk sollte in der Regel Wasser sein. Achten Sie bei Suppen auf den Nährwert und lassen Sie Ihr Baby reine Flüssigkeiten unbedingt aus einem offenen Becher trinken, nicht aus der Flasche oder einem Trinklerngefäß. Achtung: Bei warmen Flüssigkeiten wie Suppen wird die Temperatur häufig unterschätzt: Gut abkühlen lassen, denn schon ab 43 Grad entstehen beim Verschütten schwere Verbrennungen!

ELTERNKÜCHE

Kleine Kinder dürfen genießen, sind aber in der ersten Zeit kaum an der Zubereitung beteiligt. Was wie auf den Tisch kommt, entscheiden also in der Regel die Eltern. Zu Ihrer Orientierung habe ich alle Rezepte zusätzlich mit einem Hinweis zur Zubereitung versehen.

Variabel: Variable Rezepte können Sie besonders einfach abwandeln, indem Sie zum Beispiel Obst- und Gemüsesorten, aber auch Fleisch- und Fischarten oder verschiedene Käsesorten ohne weitere Änderungen gegen Produkte der Saison austauschen. Besonders für Bio-Kisten-Abonnenten und saisonbewusste Konsumenten ist diese Flexibilität wichtig.

Schnell: Keine Zeit oder keine Lust auf Aufwendiges? Die schnellen Rezepte sind nicht nur Weltklasse-einfach, sondern auch in einem Wimpernschlag fertig – beinahe jedenfalls.

Raffiniert: Mit »raffiniert« markierte Rezepte sind nicht weiter schwierig, aber bestechen durch einen witzigen Kniff oder eine besonders Zutat und verleihen Ihrer Küche das »gewisse Etwas«. Denn nicht nur Essen muss Spaß machen, sondern auch Kochen!

Vorratstauglich: Vorkochen, Vorbacken, Vorbereiten und natürlich Einfrieren und Aufbewahren machen eine einigermaßen freie Zeiteinteilung möglich. Gerade kleine Kinder funktionieren bekanntlich nicht wie Uhrwerke, und Sie selbst möchten sicher auch flexibel bleiben. Deshalb schauen Sie besonders auf die vorratstauglichen Rezepte, wenn Sie Dienst nach Stechuhr am Herd vermeiden möchten.

WIE VIEL MUSS ICH KOCHEN?

Die Rezepte in diesem Buch sind in der Regel für einen Essanfänger und zwei Erwachsene ausgelegt.

MEINE ANTI-STRESS-TIPPS

Meine beiden persönlichen Joker sind unser Slow-Cooker und unsere Abo-Kiste.

Ein Slow-Cooker ist deutlich preiswerter als ein Thermomix und viele Gerichte können Stunden vorher oder sogar am Tag zuvor angesetzt werden und sind dann punktgenau fertig. In Phasen mit kranken, dauergestillten, weinerlichen, motzigen oder durchdrehenden Kindern – also fast immer – für uns unerlässlich. Er funktioniert am besten für Suppen, Eintöpfe, Chilis und Currys. Dazu gibt es dann Brot oder wir kochen noch schnell Kartoffeln, Reis oder Nudeln.

Die Abo-Kiste kommt von einem Hof in der Nähe und enthält vielfältiges Gemüse und Obst der Saison. Das hilft uns dabei, nicht immer nur nach den gleichen Dingen im Supermarktregal zu greifen. Bestimmt gibt es das auch in Ihrer Nähe.

Außerdem planen wir am Wochenende das Essen für die kommende Woche gemeinsam grob vor. Dann müssen wir nicht jeden Tag überlegen, was wir auf den Tisch bringen, und können auch den Einkauf besser organisieren.

KLEINE HELFER FÜR DIE BREIFREI-KÜCHE

Beschichtete PFANNE

Mini- MUFFIN-FORM

Eis- FORMEN

Scharfes MESSER

Sandwich- CUTTER

Stand- MIXER

Spiral- SCHNEIDER

Bräter

Brot- BOXEN

Beschichtete Pfanne Eine gute, beschichtete Pfanne lässt nichts ankleben. Blitzschnell sind darin viele Leckereien gebraten, ohne dass Sie Unmengen an Öl verwenden müssten. Tipp: Teflon hält zwar länger als Keramik, ist aber eventuell auch stärker mit Schadstoffen belastet.

Mini-Muffin-Form Mini-Muffin-Formen aus geprüftem Silikon nach EU-Norm sind flexibel für süße und herzhafte Snacks einsetzbar. Praktisch zum Portionieren und für unterwegs.

Eisformen Edelstahl- oder ersatzweise auch Plastik-Eisformen können Sie immer wieder verwenden und vom Obstpüree bis zu Säften, Tees und Muttermilch alles darin zu Schleckeis verarbeiten.

Scharfes Messer Ein scharfes Messer ist ein absolutes Muss! Für kräftesparendes Schneiden achten Sie unbedingt darauf, dass der Schwerpunkt des Messers mittig liegt. Und: Messer immer von Hand abspülen – dann haben Sie lange Freude daran.

Sandwich-Cutter Mit Bären, Autos und lustigen Gesichtern verleiht der Sandwich-Cutter belegten Broten das gewisse Etwas und sorgt dafür, dass die Brotkanten gut schließen, damit nicht so leicht etwas herausquellen kann.

Standmixer Ein kraftvoller Standmixer sollte in keinem Haushalt fehlen. Ob Brotaufstriche, Soßen oder Nussmus – der Mixer verwandelt alles im Handumdrehen. Achten Sie darauf, dass er Aufsätze zum Raspeln und Reiben mitbringt. Dann gelingen auch Salate und Gemüsepfannen ohne zeitraubendes Schnippeln.

Spiralschneider Mit dem Spiralschneider zaubern Sie im Handumdrehen aus vielen Gemüsesorten Pastafäden. Ein schneller Allrounder für die ganze Familie.

Bräter Denken Sie über die zugegebenermaßen kostenintensive Anschaffung eines gusseisernen, emaillierten Bräters nach. Gerichte garen durch die ideale Hitzeverteilung langsam und gleichmäßig im Ofen oder auf dem Herd. Nie über mittlere Hitze drehen und nicht mit Metall darin rühren – dann hält das gute Stück ewig.

Brotboxen Brotdosen aus Kunststoff oder Edelstahl sind praktisch für unterwegs – Unterteilungen oder sogar Thermo-Isolation machen sie zum praktischen Begleiter weit über die Kleinkindzeit hinaus. Edelstahlboxen sind zwar etwas teuer, aber zuverlässige und vor allem schadstofffreie Begleiter für ein ganzes Leben.

WICHTIG

Folgende Zutaten sollten Sie immer zu Hause haben: Olivenöl, Salz, Pfeffer, Paprikapulver und Zimt. Sie werden bei den Zutaten nicht extra genannt.

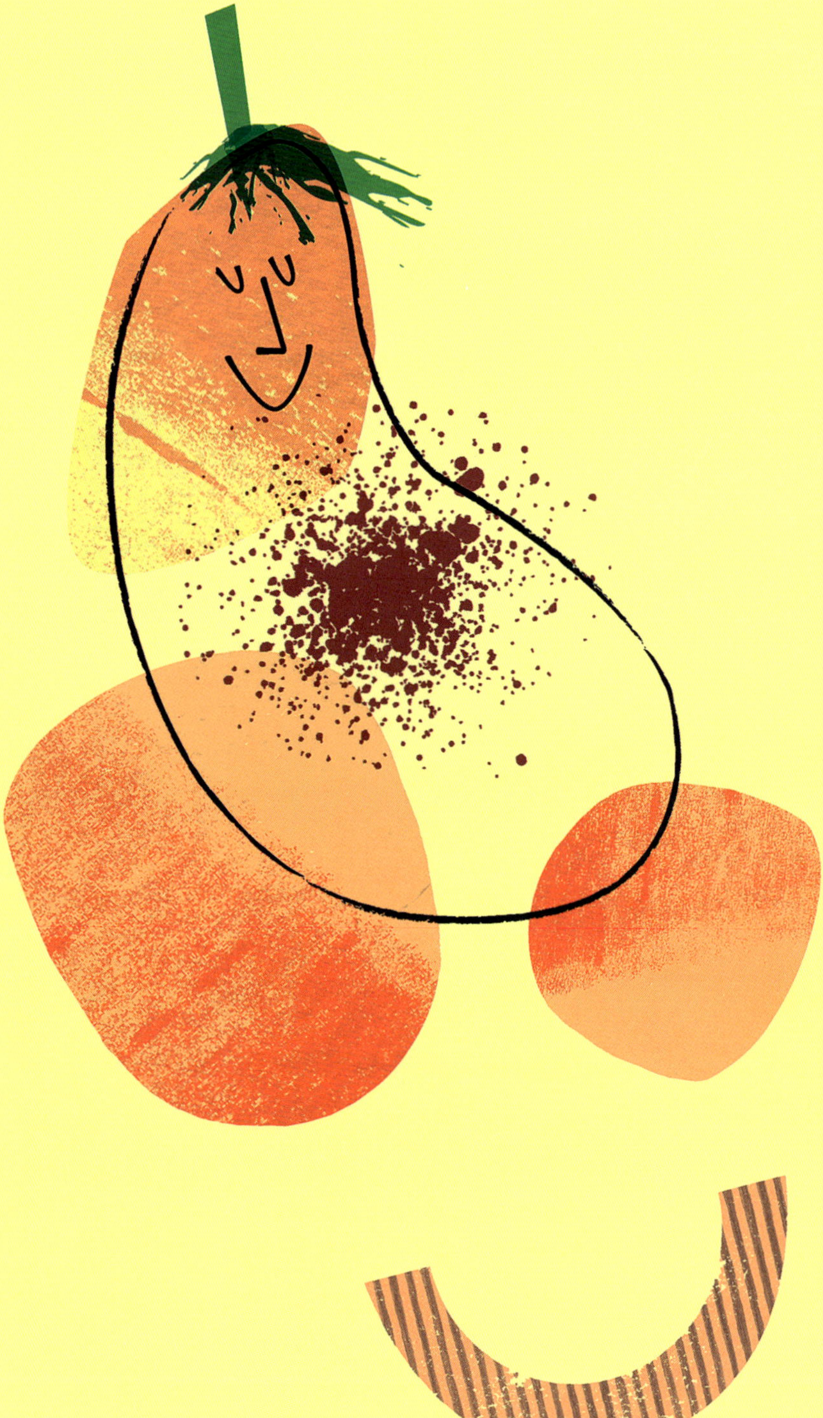

Die REZEPTE

KOKOS-ERDBEER-PORRIDGE

300 ml
KOKOSMILCH

80 g zart schmelzende
HAFERFLOCKEN

8
ERDBEEREN

WEICH, SCHNELL
3 PORTIONEN

5 MIN.

Kokosmilch mit Haferflocken in einem Topf unter Rühren aufkochen. (Funktioniert auch prima in einem mikrowellengeeigneten Gefäß in der Mikrowelle.) • Auf Körpertemperatur herunterkühlen lassen, um Verbrennungen zu vermeiden. • Erdbeeren putzen und mit dem Porridge servieren.

MANDEL-GRIESSSCHNITTCHEN

250 ml
MANDELDRINK

100 g
GRIEß

1 reife
BANANE

etwas
MANDELMEHL

WEICH, EINFACH
3 PORTIONEN

10 MIN. + 2 STD. ABKÜHLEN + 15 MIN. BACKEN

Mandeldrink mit Grieß unter ständigem Rühren 3 Min. köcheln lassen. • Banane fein zerdrücken. • Topf vom Herd nehmen und Banane unterheben. • Masse in eine eckige Auflaufform gießen. Erkalten lassen und anschließend in Riegelform schneiden. • Riegel in Mandelmehl wenden und im Ofen bei 150 °C 15 Min. backen.

MINI-VOLLKORN-PANCAKES

2
EIER

200 ml
MILCH

200 g
VOLLKORNMEHL

1 TL
WEINSTEIN-
BACKPULVER

WEICH, VARIABEL
3 PORTIONEN

25 MIN.

Eier trennen. Eigelb mit Milch, Mehl und Backpulver zu einem glatten Teig rühren. • Eiweiß steif schlagen und unter den Teig heben. 10 Min. ziehen lassen. • Beschichtete Pfanne mit Öl benetzen und auf mittlere Temperatur erhitzen. • Einen oder mehrere Teigkleckse hineingeben und von beiden Seiten goldgelb ausbacken, bis sich kleine Blasen bilden.

ERDBEER-JELLY

250 g reife
ERDBEEREN
(FRISCH ODER TK)

1 TL
FLOHSAMENSCHALEN-
PULVER

1 Spritzer
ZITRONENSAFT

WEICH, SCHNELL
1 GLAS

10 MIN.

Erdbeeren unter ständigem Rühren einmal kurz aufkochen lassen, sodass eine breiige Masse entsteht. • Flohsamenschalen-Pulver einrühren, bis die Masse etwas andickt. • Achtung, dieses Jelly bitte frisch verzehren! Schmeckt lecker als Brotaufstrich oder zu Waffeln.

ZUCCHINI-ZIEGENKÄSE-TALER

2
ZUCCHINI

1 Rolle
ZIEGEN-
FRISCHKÄSE

SCHMELZEND,
VARIABEL
3 PORTIONEN

5 MIN.
+ 15 MIN. BACKEN

Ofen auf 220 °C vorheizen. • Zucchini längs in feine Scheiben schneiden. • Frischkäserolle in 2,5 cm dicke Taler schneiden. • Jeden Taler mit zwei Zucchinischeiben längs und quer umwickeln. Mit Zahnstochern fixieren. • Mit 1 EL Öl beträufeln und 15 Min. backen.

VEGGIESTÄBCHEN

500 g
MEHLIGKOCHENDE
KARTOFFELN

300 g
ERBSEN-KAROTTEN-
MIX (TK)

2
EIER

1 Prise
KREUZKÜMMEL

150 g
GERIEBENER
GOUDA

1 Bund
PETERSILIE

STÜCKIG,
VORRATSTAUGLICH
3 PORTIONEN

25 MIN.
+ 20 MIN. BACKEN

Kartoffeln gar kochen, pellen und in eine Schüssel geben. • Ofen auf 180 °C vorheizen. • Erbsen-Karotten-Mix weich garen. • Mit den Kartoffeln stampfen. • Eier, Kreuzkümmel und Gouda untermischen. • Zu ca. 8 cm langen Stäbchen formen. • Im Backofen 20 Min. goldbraun rösten.

BLUMENKOHL-KRÜSTCHEN

1 kleiner
BLUMENKOHL

1
EI

150 g
GERIEBENER CHEDDAR

1 TL
GETROCKNETER OREGANO

STÜCKIG,
VORRATSTAUGLICH
3 PORTIONEN

40 MIN.
+ 20 MIN. BACKEN

Ofen auf 150 °C vorheizen. • Blumenkohl putzen, in Röschen teilen und gar kochen. Abtropfen lassen. • In einem Mixer grob häckseln und gründlich in einem Küchenhandtuch ausdrücken. • Ei verschlagen und mit Blumenkohl, Käse und Oregano verrühren. • Auf Backpapier zu einem ca. 20 × 30 cm großen Rechteck formen. • 20 Min. fest backen. • In Streifen schneiden.

SO MAG ICH BLUMENKOHL!

HAFERBRATLINGE

1 kleine
ZWIEBEL

150 g
HAFERFLOCKEN

250 ml
GEMÜSEFOND

2 TL
MILDER SENF

2 EL
GEHACKTE PETERSILIE

SCHMELZEND, VORRATSTAUGLICH
3 PORTIONEN

25 MIN.

Zwiebel fein hacken und in 1 EL Öl glasig dünsten. • Haferflocken dazugeben und mit Gemüsefond ablöschen. • Unter ständigem Rühren kurz aufkochen. • 5 Min. quellen lassen. • Senf und Petersilie vorsichtig unterheben. • Handwarme Masse zu 10 Bratlingen formen und in 5 EL Öl ausbacken.

SÜSSKARTOFFELSUPPE

3
SÜß-KARTOFFELN

1
KNOBLAUCH-ZEHE

1 Bund
FRÜHLINGS-ZWIEBELN

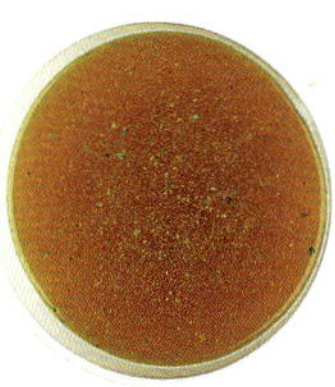

1 l
GEMÜSEFOND

1 Dose
KOKOSMILCH

FLÜSSIG, VARIABEL
3 PORTIONEN

15 MIN.
+ 20 MIN. KOCHEN

Süßkartoffeln schälen und würfeln. • Knoblauch und Frühlingszwiebeln putzen. • In 1 EL Öl anschwitzen. • Süßkartoffelwürfel und Gemüsefond dazugeben und 20 Min. kochen. Dabei mehrmals umrühren. • Wenn die Süßkartoffelwürfel gar sind, fein pürieren und mit Kokosmilch ablöschen.

… mmmhh
so lecker!

ARTISCHOCKEN-KAVIAR

300 g
ARTISCHOCKEN-
BÖDEN (TK)

1
ZITRONE
(SAFT)

150 g
PARMESAN

1
KNOBLAUCH-
ZEHE

WEICH, RAFFINIERT
3 PORTIONEN

20 MIN.

Artischockenböden weich kochen und pürieren. • Saft der Zitrone hinzufügen. • Parmesan reiben. • Parmesan, zerdrückte Knoblauchzehe und 1 EL Öl zu den Artischocken geben und erneut pürieren. • Artischocken-Kaviar schmeckt pur, als Brotaufstrich oder zum Grillen.

ARTISCHOCKEN KAVIAR

MANGO-DATTEL-CHUTNEY

150 g
DATTELN

1 reife
WEICHE MANGO

1 rote
ZWIEBEL

50 ml
HIMBEERESSIG

WEICH/STÜCKIG, RAFFINIERT
1 GLAS

45 MIN.

Datteln entsteinen und fein würfeln. • Mango schälen, entsteinen und würfeln. • Zwiebel putzen, würfeln und in 2 EL Öl kurz glasig dünsten. • Mit Mango, Datteln und Essig ca. ½ Std. auf schwacher Hitze unter häufigem Rühren köcheln lassen. • Schmeckt als Dip oder Grillsoße.

PAPRIKA-WALNUSS-PASTE

3 rote
PAPRIKA

150 g
WALNUSS-
KERNE

8 Scheiben
ZWIEBACK

½ TL
KREUZKÜMMEL-
PULVER

1 EL
BALSAMICO-
ESSIG

WEICH, SCHNELL
3 PORTIONEN

5 MIN.

Paprika und Walnüsse im Standmixer sehr fein pürieren. • Zwieback und 4 EL (Oliven-)Öl untermixen. • Mit Kreuzkümmel und Balsamico abschmecken. • Schmeckt als Brotaufstrich, Dip und Grillsauce.

HÄHNCHEN-SANDWICHES

6 Scheiben
HELLES DINKELBROT

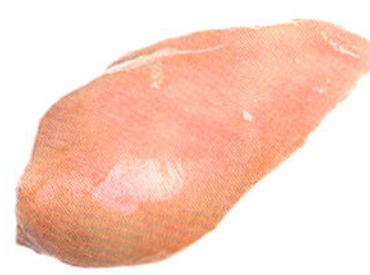

100 g
HÄHNCHEN-FILET

100 g
FRISCHKÄSE

STÜCKIG, SCHNELL
3 PORTIONEN

15 MIN.

Hähnchenfilet würfeln. • In der Pfanne mit 1 EL Öl durchgaren. • Mit 1 EL Öl und Frischkäse pürieren. • 3 Brotscheiben mit der Masse bestreichen und jeweils eine weitere Scheibe darüberlegen. • Sandwiches zu Dreiecken halbieren.

Für unterwegs

BANANEN-WRAPS

2
VOLLKORN-
TORTILLAS

5 EL ungesüßte
ERDNUSSBUTTER
(OHNE STÜCKE)

2
BANANEN

STÜCKIG, SCHNELL
3 PORTIONEN

5 MIN.

Tortillas gleichmäßig mit Erdnussbutter bestreichen. • Bananen schälen und jeweils eine Banane auf eine Tortilla legen. • Gleichmäßig einrollen und festdrücken. • In kinderhandgroße Stücke schneiden.

AVOCADO-REIS-BÄLLCHEN

100 g
BRAUNER REIS

1
EI

1 reife
AVOCADO

WEICH, VARIABEL
3 PORTIONEN

20 MIN.

Reis sehr weich kochen. • Ei mit der Gabel verquirlen und in einer beschichteten Pfanne unter ständigem Rühren durchgaren, sodass sehr kleine Eiflocken entstehen. • Avocado längs teilen, den Kern entfernen, das Fruchtfleisch herausheben und mit der Gabel fein zerdrücken. • Mit Reis und Eiflocken mischen. • Mit den Händen Bällchen (ca. 4 cm Ø) formen.

FRUCHTCHIPS

250 g
ERDBEEREN

4
APRIKOSEN

1
KIWI

STÜCKIG,
VORRATSTAUGLICH
3 PORTIONEN

30 MIN.
+ 3–4 STD.
TROCKNEN

Erdbeeren waschen und putzen. • Aprikosen waschen und entkernen. • Kiwi schälen. • Obst mit einem scharfen Messer in dünne Scheiben schneiden. • Nebeneinander auf zwei mit Backpapier ausgelegten Blechen ausbreiten. • Bei 80 °C ca. 3–4 Std. im Ofen trocknen. Dabei einen Holzlöffel in die Ofentür klemmen, damit die Feuchtigkeit abzieht.

Für unterwegs

SCHMETTERLINGS-JOGHURT-SALAT

200 g
SCHMETTERLINGS-NUDELN

150 g
NATURJOGHURT

2 EL
MAYONNAISE

½ TL
SENF

½
SALATGURKE

100 g
KAROTTEN

STÜCKIG, VARIABEL
3 PORTIONEN

30 MIN.
+ 2 STD. ZIEHEN

Nudeln kochen, abgießen und in eine Schüssel füllen. Abkühlen lassen. • Joghurt, Mayonnaise und Senf verrühren und über die Nudeln geben. • Karotten putzen, in Stifte schneiden und in Wasser gar kochen. • Gurke schälen und in Stifte schneiden. • Karotten und Gurke unter die Nudeln heben. • Für 2 Std. kühl stellen und ziehen lassen.

MELONEN-FETA-SALAT

ca. ¼ sehr reife
WASSERMELONE

1 Zweig
FRISCHE MINZE

50 g fester
SCHAFSKÄSE

STÜCKIG, SCHNELL
3 PORTIONEN

10 MIN.

Wassermelone in Scheiben schneiden und entkernen. • Scheiben in 7 cm lange Streifen schneiden und in eine Salatschüssel geben. • Minzblätter sehr fein hacken und dazugeben. • Schafskäse zerbröseln. • Mit 1 EL Öl unterheben. • Keine Angst vor Minze! Nur unverdünnte, ätherische Öle sollten Sie meiden.

TOMATEN-BULGUR

2 große
FLEISCH-
TOMATEN

3
GEMÜSE-
ZWIEBELN

200 g
BULGUR

2 TL
TOMATENMARK

WEICH, RAFFINIERT
3 PORTIONEN

45 MIN.

Tomaten mit kochendem Wasser überbrühen, abziehen und würfeln. • Zwiebeln schälen, würfeln und in Öl glasig braten. • Bulgur dazugeben und 5 Min. weiterbraten. • Tomatenwürfel, Tomatenmark, etwas Pfeffer und 250 ml Wasser dazugeben. • 20 Min. lang bei geschlossenem Deckel köcheln lassen, bis der Bulgur weich geworden ist.

HERZHAFTE ERBSENKÜCHLEIN

400 g
ERBSEN (TK)

180 g
MEHL

2
EIER

1 TL
WEINSTEIN-
BACKPULVER

50 g
FETAKÄSE

WEICH, SCHNELL
3 PORTIONEN

20 MIN.

Erbsen in einem Topf mit Wasser ca. 5 Min. sprudelnd kochen und abgießen. • Erbsen, Mehl, Eier und Backpulver im Standmixer pürieren. • Feta mit den Händen zerkrümeln und untermischen. • In einer beschichteten Pfanne mit etwas Öl jeweils 1 Löffel der Mischung zu flachen Küchlein ausbacken.

KÄSE-BROKKOLI-NUGGETS

500 g
BROKKOLI
(FRISCH ODER TK)

1
SCHALOTTE

2
EIER

200 g
GERIEBENER
CHEDDAR

SCHMELZEND,
VARIABEL
3 PORTIONEN

30 MIN.
+ 30 MIN. BACKEN

Brokkoli putzen, in Röschen teilen und in kochendem Wasser 15 Min. garen. • Ofen auf 180 °C vorheizen. • Schalotte fein würfeln. • Eier verquirlen. • Schalotte und Käse dazugeben. • Brokkoli abgießen und in einem Küchenhandtuch ausdrücken. • Brokkoli mit den Händen unter die Mischung geben und zerdrücken. • Mit einem Esslöffel Nuggets abstechen und auf ein mit Backpapier ausgelegtes Blech geben. • 30 Min. gut durchbacken.

WO IST DIE MAMA-SCHILDKRÖTE?

Für den großen Hunger

REISMUFFINS

100 g
REIS

150 g
MOZZARELLA

1
EI

1 EL
MEHL

100 ml
MILCH

100 g stückige
TOMATEN

WEICH, VARIABEL
3 PORTIONEN

30 MIN.
+ 30 MIN. BACKEN

Ofen auf 180 °C vorheizen. • Reis kochen. • Mozzarella abtropfen lassen und in kleine Würfel schneiden. • 2 EL Öl unter das Ei schlagen. • Mehl und Milch nach und nach dazugeben und unterrühren. • Reis, Tomaten und Mozzarella vorsichtig unterheben und auf Mini-Muffinförmchen verteilen. • Ca. 30 Min. backen.

HILFE!!!
DAS REISMUFFINMONSTER
Für den großen Hunger

PELLKARTOFFELSALAT

500 g
FESTKOCHENDE KARTOFFELN

5
EIER

1
SALATGURKE

300 g
GRIECHISCHER JOGHURT

5 EL
MAYONNAISE

STÜCKIG, VARIABEL
3 PORTIONEN

40 MIN.
+ 1 STD. ZIEHEN

Kartoffeln gar kochen. • Eier hart kochen. • Gurke schälen und in feine Streifen schneiden. • Kartoffeln pellen und abkühlen lassen. • Eier pellen und in Scheiben schneiden. • Gurke, Kartoffeln und Eier in einer Schüssel mit Joghurt und Mayonnaise mischen. • 1 Std. an einem kühlen Ort ziehen lassen.

EI, EI, EI…

Für den großen Hunger

TOFU-NUGGETS

200 g
TOFU

1
EI

1 Tasse ungesüßte
CORNFLAKES

STÜCKIG, VARIABEL
3 PORTIONEN

20 MIN.

Tofublock horizontal teilen und in Nuggetgröße schneiden. • Ei mit 1 TL Öl verquirlen. • In 2 Tellern Mehl und fein gemahlene Cornflakes bereitstellen. • Jedes Nugget im Mehl, dann im Ei-Öl-Gemisch und schließlich in den Cornflakes wenden. • In Öl goldbraun braten.

Tofu

Für den großen Hunger

ARABISCHES AUBERGINENPÜREE

2
AUBERGINEN

1
ZITRONE (SAFT)

2 EL
TAHIN

1
KNOBLAUCHZEHE

WEICH, VORRATSTAUGLICH
3 PORTIONEN

45 MIN.

Ofen auf 220 °C vorheizen. • Auberginen waschen und rundherum einstechen. • 40 Min. backen, bis sie schwarz und faltig sind. • Dann das weiche Innere mit einem Esslöffel auskratzen. • Mit dem Saft der Zitrone, Tahin, der Knoblauchzehe und 2 EL Öl im Standmixer pürieren. • Dazu passt frisches Fladenbrot (Seite 106) oder Baguette.

DAL – INDISCHE LINSEN

200 g
ROTE LINSEN

2
FLEISCH-
TOMATEN

1
GEMÜSE-
ZWIEBEL

2
KNOBLAUCH-
ZEHEN

½ TL
KURKUMA

½ TL
KREUZKÜMMEL

WEICH, RAFFINIERT
3 PORTIONEN

1 STD.

Linsen sorgfältig waschen und in ca. 40 Min. sehr weich kochen. • Tomaten und Zwiebel putzen und fein würfeln. • 4 EL Öl in einer Pfanne erhitzen und Zwiebel goldbraun braten. • Tomaten mit zerdrücktem Knoblauch, Kurkuma und Kreuzkümmel dazugeben und einige Min. köcheln lassen. • Linsen abgießen und mit dem Gemüse in der Pfanne vermengen.

Für den großen Hunger

ARABISCHE LINSEN

100 g
LINSEN

½
SALATGURKE

500 ml
GRIECHISCHER JOGHURT

100 g
REIS

1
GEMÜSE-ZWIEBEL

½ TL
KREUZKÜMMEL-PULVER

WEICH, RAFFINIERT
3 PORTIONEN

45 MIN.

Linsen gründlich waschen und nach Packungsanleitung garen. • Gurke raspeln und mit Joghurt vermengen. • Reis dazugeben und mit Wasser bedeckt in ca. 20 Min. unter regelmäßigem Rühren gar kochen. • Zwiebel putzen, in kurze Streifen schneiden und in 2 EL Öl goldbraun braten. • Reis und Linsen abgießen und mit Zwiebeln und Kreuzkümmel vermengen. • Wer mag, würzt die Joghurtsauce noch mit 1–2 Knoblauchzehen.

ERDNUSS-STEW

200 g
HIRSE

1
GEMÜSE-
ZWIEBEL

1 große
SÜß-
KARTOFFEL

100 g
HÄHNCHENFILET

1 Dose
GESCHÄLTE
TOMATEN

100 g ungesüßte
ERDNUSSBUTTER
(OHNE STÜCKE)

STÜCKIG,
RAFFINIERT
3 PORTIONEN

1 STD.

Hirse waschen und mit der doppelten Menge Wasser aufgießen. • 5 Min. kochen und 30 Min. bei geschlossenem Deckel quellen lassen. • Zwiebel und Süßkartoffel schälen und würfeln. • Hähnchenfilet in Streifen schneiden. • Zwiebel mit 2 EL Öl glasig braten. • Fleisch und Süßkartoffel dazugeben und 5 Min. braten. • Mit Tomaten ablöschen, Erdnussbutter dazugeben, einmal kurz aufkochen und dann ca. 30 Min. weiter köcheln.

Für den großen Hunger

MARONEN-GNOCCHI

200 g
MEHLIGKOCHENDE KARTOFFELN

200 g
VORGEKOCHTE MARONEN

2
EIGELB

3 EL
MEHL

WEICH, RAFFINIERT
3 PORTIONEN

45 MIN.

Kartoffeln kochen und stampfen. • Maronen erwärmen und stampfen. • Eigelb und Mehl dazugeben und zu einem homogenen Teig verkneten. • Gnocchi formen und in einem weiten Topf mit kochendem Wasser garen, bis die Gnocchi oben schwimmen. • Mit der Schaumkelle herausheben. • Mit etwas flüssiger Butter oder einer Sauce nach Wahl servieren.

Für den großen Hunger

AUBERGINEN-PIZZA

2 große
AUBERGINEN

2
KNOBLAUCH-
ZEHEN

500 g stückige
TOMATEN (NATUR)

2 EL fein gehacktes
BASILIKUM

2 EL fein gehackter
OREGANO

300 g
PARMESAN

STÜCKIG, VARIABEL
3 PORTIONEN

35 MIN.

Ofen auf 200 °C Umluft vorheizen. • Auberginen in 2 cm dicke Scheiben schneiden. • Von beiden Seiten mit ca. 4 EL Öl bepinseln und auf 1–2 mit saugfähigem Backpapier ausgelegten Blechen 20 Min. backen. • Knoblauch zerdrücken. • Mit Tomaten und 4 EL Öl vermengen und einkochen. • Mit Basilikum und Oregano würzen. • Tomatensauce auf die Auberginenscheiben verteilen und mit Parmesan bestreuen. • 5 Min. backen.

Für den großen Hunger

ZUCCHINI-PASTA

1 große
ZUCCHINI

1 Handvoll
BASILIKUM-BLÄTTER

3 EL
PINIENKERNE

4 EL
FRISCHKÄSE

1 EL
LIMETTENSAFT

STÜCKIG, VARIABEL
3 PORTIONEN

20 MIN.

Zucchini mit einem Spiralschneider (oder Sparschäler) in feine, nudelartige Streifen schneiden. • Basilikumblätter und Pinienkerne in einem Standmixer zu einer gleichmäßigen, cremigen Paste verarbeiten. • 2 EL Öl in einer Pfanne erhitzen und Zucchini 3 Min. darin schwenken. • Basilikum-Pinienkern-Mischung, Frischkäse und Limettensaft vorsichtig unterheben.

PENNE MIT BRENNNESSEL-PESTO

2 Handvoll
BRENNNESSEL-
BLÄTTER

1
LIMETTE
(SAFT)

100 g
PINIENKERNE

1
KNOBLAUCH-
ZEHE

250 g
VOLLKORNPENNE

STÜCKIG,
VORRATSTAUGLICH
3 PORTIONEN

30 MIN.

Brennnesselblätter pflücken, waschen und kurz in kochendem Wasser blanchieren. • Abgießen und in einer Salatschleuder (oder einem Küchenhandtuch) trocken schleudern. • Saft der Limette mit Brennnesselblättern, Pinienkernen, 100 ml Öl und der geschälten Knoblauchzehe im Standmixer pürieren. • Vollkornpenne gar kochen. • Mit dem Pesto genießen.

Für den großen Hunger

SPAGHETTI-MEATBALL-KÜCHLEIN

250 g
HACKFLEISCH

2 EL klein gehackte
PETERSILIE

200 g
SPAGHETTI

100 g
GERIEBENER KÄSE
(z. B. CHEDDAR)

1
EI

200 g passierte
TOMATEN (NATUR)

STÜCKIG,
RAFFINIERT
3 PORTIONEN

40 MIN.
+ 20 MIN. BACKEN

Hackfleisch und Petersilie verkneten, Bällchen formen und in siedendem Wasser gar ziehen lassen. • Spaghetti kochen und 1 EL Öl untermischen. • Ofen auf 180 °C vorheizen. • Käse, verquirltes Ei und die Hälfte der Tomaten mit den Spaghetti mischen und nestartig auf ein Muffinblech verteilen. • Vertiefungen in die Nester drücken. • Fleischbällchen mit der anderen Hälfte der Tomaten auf die Nester verteilen. • 20 Min. backen.

TERIYAKI-PFANNE

100 g
GLASNUDELN

200 g
RINDERFILET

5 EL
TERIYAKISOẞE

250 g
PAK CHOI

STÜCKIG,
RAFFINIERT
3 PORTIONEN

30 MIN.

Glasnudeln kochen und abgießen. • Rinderfilet in Streifen schneiden. • In 3 EL Öl und Teriyakisoße scharf braten. • Pak Choi klein schneiden, dazugeben und mitbraten, bis die Struktur weich geworden ist. • Glasnudeln dazugeben und 2 Min. bei hoher Hitze mit schwenken.

SCHNELL ZU TISCH!

Für den großen Hunger

SÜSSKARTOFFEL-KOKOS-KORMA

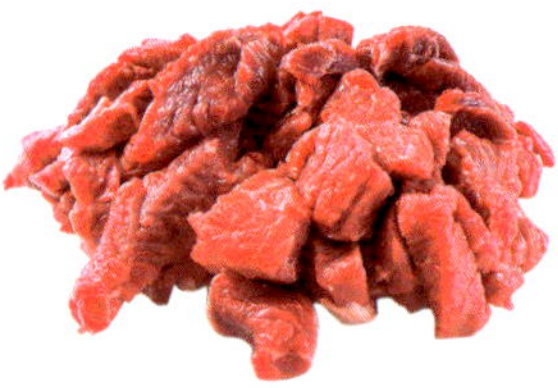

200 g
RINDER-GESCHNETZELTES

2
SÜß-KARTOFFELN

3
SCHALOTTEN

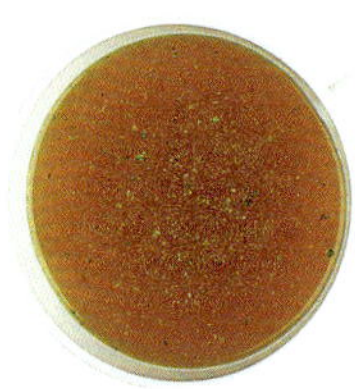

500 ml
GEMÜSEFOND

1 Dose
KOKOSMILCH

1
KNOBLAUCH-ZEHE

STÜCKIG,
VORRATSTAUGLICH
3 PORTIONEN

30 MIN.
+ 30 MIN.
SCHMOREN

Rinderfilet in Streifen schneiden und bei mittlerer Hitze in einem ofenfesten Topf in 2 EL Öl durchbraten. • Süßkartoffel und Schalotten schälen, würfeln und 5 Min. im Topf mitbraten. • Mit Gemüsefond und Kokosmilch ablöschen. • Knoblauch zerdrücken und dazugeben. • Topf mit Deckel in den Ofen schieben und bei 160 °C 30 Min. schmoren. • Mit Reis servieren.

Für den großen Hunger

SCHASCHLIKSPIESSCHEN

1
GEMÜSE-
ZWIEBEL

2
PAPRIKA

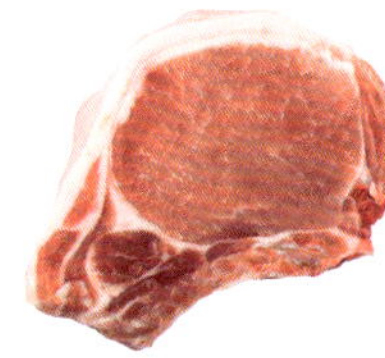

400 g
SCHWEINEFILET ODER
-MEDAILLONS

2 Becher
SAHNE

5 EL
TOMATEN-
PAPRIKA-MARK

STÜCKIG, VARIABEL
3 PORTIONEN

30 MIN.
+ 1 STD. SCHMOREN

Zwiebel und Paprika putzen und grob würfeln. • Kluftsteak würfen und abwechselnd mit Paprika und Zwiebeln auf Schaschlikspieße stecken. • In einem ofenfesten Topf in 2 EL Öl heiß anbraten. • Sahne mit Tomaten-Paprika-Mark vermengen und über die Spieße gießen. • Mit Deckel im Backofen bei ca. 150 °C 1 Std. schmoren. • Mit Reis servieren.

MINI-BURRITOS

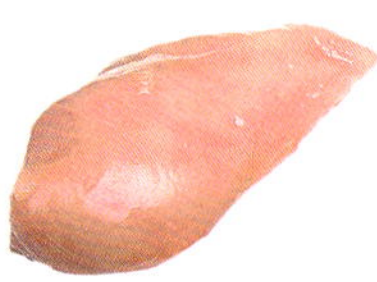

250 g
HÄHNCHEN-
FILET

3 große
WEIZEN-
TORTILLAS

250 g
GERIEBENER
GOUDA

STÜCKIG, VARIABEL
3 PORTIONEN

25 MIN.

Filet fein schneiden und in 1 EL Öl durchbraten. • Weizentortillas vierteln. • Filet mit der Gabel zerfasern und jeweils entlang einer geraden Kante der Tortillaviertel verteilen. • Käse darauf verteilen und fest einrollen. • Rollen in 2 EL Öl bei mittlerer Hitze braten, bis der Käse zerläuft.

Für den großen Hunger

LACHS-KROKETTEN

300 g
LACHSFILET

1
KNOBLAUCH-
ZEHE

1
LIMETTE

2
EIER

200 g
VOLLKORN-
PANIERMEHL

50 g
MEHL

WEICH, VARIABEL
3 PORTIONEN

30 MIN.
+ 30 MIN. BACKEN

Ofen auf 180 °C vorheizen. • Lachs darin in 20 Min. weich garen. • Knoblauch pressen. • Limette auspressen. • Lachs kleinfasern. • Knoblauch, Limettensaft und Lachs mit 1 Ei und 125 g Paniermehl in einer Schüssel mischen und Kroketten formen. • Mehl, 1 verquirltes Ei und restliches Paniermehl in separate Schüsseln geben. • Kroketten nacheinander darin wenden. • Auf einem Blech bei 180 °C 30 Min. backen. • Mit Reis servieren.

FRUCHTIGES FISCHCURRY

400 g
DORSCHFILET

2
ÄPFEL

2
BIRNEN

1 TL
KURKUMA

etwas geriebener
INGWER

1 Dose
KOKOSMILCH

WEICH, RAFFINIERT
3 PORTIONEN

25 MIN.

Fischfilet in mundgerechte Happen schneiden – dabei nochmals genau auf Gräten kontrollieren! • Äpfel und Birnen schälen und grob würfeln. • Mit dem Fisch, Gewürzen und Kokosmilch 15 Min. kochen, bis der Fisch gut durchgegart und das Obst weich ist. • Mit Reis servieren.

Für den großen Hunger

LACHSSTÄBCHEN

2 große
FESTKOCHENDE KARTOFFELN

400 g frisches
LACHSFILET (OHNE HAUT)

3 EL
MEHL

3 EL
MILDER SENF

WEICH, VARIABEL
3 PORTIONEN

25 MIN.

Rohe Kartoffeln grob reiben. • Lachs in längliche, daumengroße Streifen schneiden. • Lachsstreifen waschen, trocken tupfen und im Mehl wenden. • Rundum mit einer sehr dünnen Schicht Senf bestreichen und in den Kartoffeln wenden, sodass eine gut angedrückte Hülle entsteht. • In 3 EL Öl in einer beschichteten Pfanne bei mittlerer Hitze ausbacken, bis der Fisch innen gar und die Kartoffelhülle goldbraun ist.

FISCH

AHOI!!!

Für den großen Hunger

NAAN-BROT

150 ml
MILCH

2 EL
ZUCKER

½ Würfel
FRISCHE HEFE

500 g
MEHL

150 ml
JOGHURT

SCHMELZEND,
VORRATSTAUGLICH
6 BROTE

1 STD.
+ 1 STD. GEHEN

Lauwarme Milch, 1 EL Zucker und zerbröselte Hefe verrühren und 15 Min. stehen lassen. • Mehl, 1 Prise Salz und 1 EL Zucker in eine Schüssel geben. • Hefe-Milch-Gemisch, 2 EL Öl und Joghurt dazugeben. Sorgfältig kneten. • Teig zu einer Kugel formen, mit 1 EL Öl benetzen und 1 Std. gehen lassen. • Teig kneten und 6 Kugeln formen. • Kugeln dünn ausrollen und in einer geölten Pfanne backen, bis sie Blasen werfen. Wenden und kurz anbräunen.

FLADENBROT

450 g
MEHL
(TYPE 550)

½ Würfel
FRISCHE HEFE

1 EL
HARTWEIZEN-
GRIEß

1
EI

WEICH, RAFFINIERT
2 BROTE

10 MIN.
+ 40 MIN. GEHEN
+ 10 MIN. BACKEN

Hefe in 300 ml lauwarmem Wasser auflösen. • Mit Mehl und 1 Prise Salz mischen und kneten. • ½ Std. gehen lassen. • Ofen auf 220 °C vorheizen. • Blech mit etwas Mehl und Grieß bestreuen. • Teig kurz durchkneten und zu 2 Fladen von ca. 25 cm Ø formen. • 10 Min. gehen lassen. • Mit etwas Öl bestreichen und rautenförmig eindrücken. • Ei und 1 EL Öl mischen und die Fladen damit bestreichen. • In 10 Min. goldbraun backen.

QUICKIE-BRÖTCHENSONNE

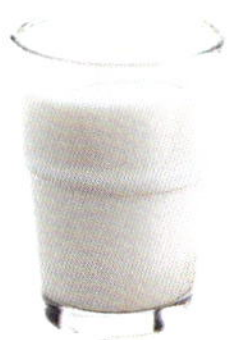

150 ml
MILCH

1 Würfel
HEFE

1 TL
ROH-
ROHRZUCKER

10 g
BUTTER

500 g
MEHL
(TYPE 550)

SCHMELZEND,
VORRATSTAUGLICH
15 BRÖTCHEN

25 MIN.
+ 30 MIN. GEHEN
+ 20 MIN. BACKEN

Milch und 150 ml Wasser in eine Schüssel geben, Hefe hineinbröseln und mit Zucker verrühren, bis sich die Hefe aufgelöst hat. • Weiche Butter dazugeben und 10 Min. stehen lassen. • Mit dem Mehl und 1½ TL Salz zu einem glatten Teig kneten. • 30 Min. an einem warmen Ort gehen lassen. • Backofen auf 220 °C vorheizen. • Teig zu 15 kleinen Brötchen formen und sonnenförmig auslegen. Auf der mittleren Schiene 20 Min. backen.

Backen

QUARK-SEMMELCHEN

250 g
QUARK

300 g
MEHL (TYPE 450)

1 Päckchen
WEINSTEIN-BACKPULVER

4 EL
MILCH

1 Bund
KORIANDER

200 g
GESTIFTELTER GOUDA

SCHMELZEND, RAFFINIERT
12 BRÖTCHEN

10 MIN.
+ 25 MIN. BACKEN

Quark, Mehl, Backpulver, Milch und 6 EL Öl zu einem Teig kneten. • Ofen auf 150 °C vorheizen. • Koriander hacken. • Mit dem Käse gleichmäßig unter den Teig kneten. • 12 gleich große Brötchen formen. • Auf der mittleren Backofenschiene in ca. 25 Min. goldfarben werden lassen.

THYMIAN-FOCACCIA

½ Würfel
FRISCHE HEFE

1 TL
ZUCKER

500 g
MEHL
(TYPE 550)

1 Sträußchen
THYMIAN

SCHMELZEND,
RAFFINIERT
4 FLADEN

15 MIN.
+ 2 STD. GEHEN
+ 15 MIN. BACKEN

Hefe und Zucker in 350 ml lauwarmem Wasser auflösen. • Mehl in eine Schüssel sieben. Vertiefung eindrücken und Lösung hineingießen. • 30 Min. gehen lassen. • Mit 4 EL Öl und 1 Prise Salz 10 Min. kneten. • Abgedeckt 1 Std. gehen lassen. • Teig zu 4 flachen Fladen formen und abgedeckt 30 Min. gehen lassen. • Ofen auf 200 °C vorheizen. • Fladen mit 1 EL Öl einpinseln und mit gehacktem Thymian bestreuen. • 15 Min. backen.

BERND???

KICHERERBSEN-ERDNUSS-KEKSE

200 g
KICHERERBSEN
(GLAS)

150 g entkernte
DATTELN

125 g
ERDNUSSBUTTER
(OHNE STÜCKE)

1½ TL
WEINSTEIN-
BACKPULVER

STÜCKIG, VORRATSTAUGLICH
2 BLECHE

25 MIN.

Kichererbsen waschen und gut abtropfen lassen. • Ofen auf 180 °C vorheizen. • Im Standmixer mit Datteln zu einer glatten Masse verarbeiten. • In einer Schüssel mit der Erdnussbutter und Backpulver verrühren. • Teelöffelgroße Kleckse auf ein mit Backpapier ausgelegtes Blech geben und 13 Min. backen.

UPPSSS, WO SIND
ALLE KEKSE HIN????

ROOIBOS-PFIRSICH-EIS

6 TL
ROOISBOSTEE

6 sehr reife
PFIRSICHE

SCHMELZEND,
VARIABEL
6 PORTIONEN

20 MIN.
+ 2 STD. FRIEREN

Rooibostee mit 1 l kochendem Wasser überbrühen und 10 Min. ziehen lassen. Abgießen. • Pfirsiche gründlich waschen, entkernen und fein pürieren. • Mit dem abgegossenen Tee noch einmal kurz aufkochen. • In Eisformen füllen und durchfrieren lassen.

Süßes

ORANGEN-KOKOS-DESSERT

1
BANANE

1 sehr weiche
BIRNE

1 große
ORANGE

200 g
KOKOSJOGHURT

WEICH, SCHNELL
3 PORTIONEN

10 MIN.

Banane und Birne schälen und in Stücke schneiden. • Orange filetieren. • Filets mit Banane und Birne in eine Schüssel geben. • Rest der Orange so zusammendrücken, dass der restliche Saft ebenfalls in der Schüssel gesammelt werden kann. • Kokosjoghurt dazugeben und umrühren.

BRATBIRNE

3 reife
BIRNEN

3 TL
ZITRONENSAFT

2 EL
MANDELMUS

250 g
GRIECHISCHER JOGHURT

1
VANILLESCHOTE

50 g
ROSINEN

WEICH, RAFFINIERT
3 PORTIONEN

45 MIN.

Ofen auf 180 °C vorheizen. • Obere Birnenteile 3 cm hoch abschneiden und mit einem Ausstecher Kerngehäuse entfernen. • Schnittflächen mit Zitronensaft bestreichen. • Mandelmus nach unten in die Birnen drücken. • 20 Min. in einer geölten Auflaufform backen, bis die Birnen weich sind. • Griechischen Joghurt mit Vanille und Rosinen vermengen. • Birnen aus dem Ofen nehmen, abkühlen lassen und mit Joghurt gefüllt servieren.

BRATBIRNE

~~BRATAPFEL~~

FRUCHTLEDER-RÖLLCHEN

200 g
WALDBEEREN
(FRISCH ODER TK)

5
DATTELN

2 TL
ZITRONENSAFT

SCHMELZEND,
VORRATSTAUGLICH
8–10 RÖLLCHEN

25 MIN.
+ 7 STD. BACKEN

Beeren waschen und gut abtropfen lassen. • Mit den entkernten Datteln in einem Standmixer sehr fein pürieren. • Zitronensaft hinzufügen und erneut pürieren. • Durch ein Sieb drücken, um ein gleichmäßiges Püree zu erhalten. • Püree auf ein mit Backpapier ausgelegtes Backblech gießen und gleichmäßig verstreichen. • Bei 80 °C 6–7 Std. backen. • Abgekühlte Masse in 3–4 cm breite Streifen schneiden und aufrollen.

Quellenverzeichnis der Bildquellen von stock.adobe.com:

S. 20, Pfanne: ©Love the wind
S. 20, Minimuffinform: ©macondos
S. 20, Eisform: ©anabell2012
S. 20, Messer: ©Gresei
S. 20, Sandwichcutter: ©Miyuki Satake
S. 20, Standmixer: ©Maksym Yemelyanov
S. 20, Spiralschneider: ©Pixel-Shot
S. 20, Bräter: ©uwimages
S. 20, Brotboxen: ©V.R.Murralinath
S. 24, Haferflocken, zart: ©oxie99
S. 24, 30, 54, Erdbeeren: ©Alex Malikov
S. 26, Mandeldrink: ©Pixel-Shot
S. 26, 106, Grieß: ©Nataly Studio
S. 26, 118, Banane: ©Andrzej Tokarski
S. 26, Mandelmehl: ©m.u.ozmen
S. 28, 66, 104, 108, 110, Milchglas: ©Baiba Opule
S. 28, Vollkornmehl: ©Josep Curto
S. 28, 62, 110, 114, Backpulver: ©Nataly Studio
S. 30, Flohsamenschalenpulver: ©canyonos
S. 30, 120, 122, Zitronenhälfte: ©kitsananan Kuna
S. 32, 84, Zucchini: ©tab62 (Tom Baker)
S. 32, Ziegenfrischkäserolle: ©Ivonne Wierink
S. 34, Kartoffeln: ©mbongo
S. 34, Erbsen und Möhren (TK): ©blende11
S. 34, 46, 74, 76, Kreuzkümmelpulver: ©Sylwia Brataniec
S. 34, 36, 64, 84, 96, Käse, gerieben: ©Dmytro
S. 34, 38, 88, Petersilie, gehackt: ©jrpg (Jose Ramon Prol)
S. 36, Blumenkohl: ©Lunipa
S. 36, 82, Oregano: ©cabecademarmore
S. 38, 74, 76, 78, 94, Zwiebel: ©Vadym Boyshenko
S. 38, Haferflocken: ©Natalia
S. 38, 40, 92, Gemüsebrühe: ©photosiber
S. 38, 56, 102, Senf: ©BigNazik
S. 40, Süßkartoffeln: ©kolesnikovserg
S. 40, 42, 72, 86, 92, 98, Knoblauchzehe: ©F.C.G
S. 40, Lauchzwiebeln: ©sucharat
S. 42, Artischockenböden: ©eqroy
S. 42, 72, Zitrone: ©Xavier
S. 42, Parmesan: ©Diana Taliun
S. 44, 122, Datteln: ©igradesign (Iryna Grankin)
S. 44, Mango: ©Reena
S. 44, Zwiebel, rot: ©Aaron Amat
S. 44, Himbeeressig: ©manyakotic
S. 46, Paprikas: ©mbongo
S. 46, Walnusskerne: ©Tatyana Sidyukova
S. 46, Zwieback: ©Pixelspieler
S. 46, Balsamicoessig: ©AlenKadr
S. 48, Dinkelbrot: ©ExQuisine
S. 48, 78, 96, Hähnchenfilet: ©Joe Gough
S. 48, 84, Frischkäse: ©Mara Zemgaliete
S. 50, Tortillawraps: ©pamela_d_mcadams
S. 50, 78, 114, Erdnussbutter: ©Pixel-Shot
S. 50, Bananen: ©Yeti Studio
S. 52, Vollkornreis: ©iprachenko
S. 52, Avocado: ©eyetronic
S. 54, Aprikosen: ©xamtiw
S. 54, Kiwi: ©Natika
S. 56, Farfalle: ©Jiri Hera
S. 56, 68, Mayonnaise: ©ange1011
S. 68, Gurke: ©by-studio

LIEBE LESERIN, LIEBER LESER,

hat Ihnen dieses Buch weitergeholfen? Für Anregungen, Kritik, aber auch für Lob sind wir offen. So können wir in Zukunft noch besser auf Ihre Wünsche eingehen. Schreiben Sie uns, denn Ihre Meinung zählt!

Ihr TRIAS Verlag

Kontakt:
kundenservice.thieme.de

Lektorat TRIAS Verlag
Postfach 30 05 04
70445 Stuttgart
Fax: 0711 89 31-748

Abonnieren Sie unsere Newsletter:
www.trias-verlag.de/newsletter

Besuchen Sie uns auf facebook
www.facebook.com/trias.tut.mir.gut

Besuchen Sie uns auf facebook
www.facebook.com/mama.mag.trias

Folgen Sie uns auf Instagram
www.instagram.com/trias_verlag

Lassen Sie sich inspirieren
www.pinterest.com/triasverlag

S. 56, Karotten: ©OLESYA TSEYTLIN
S. 56, 76, Gurke: ©bergamont
S. 58, Wassermelone: ©dizolator
S. 58, Minze: ©Alexander Raths
S. 58, 62, Feta: ©bigacis
S. 60, Zwiebeln: ©volff
S. 60, Bulgur: ©Diana Taliun
S. 60, 94, Tomatenmark: ©Bernd Schmidt
S. 62, Erbsen (TK): ©ange1011
S. 62, 66, 80, 98, 102, 104, 106, 108, 110, 112, Mehl: ©Nataly Studio
S. 64, Brokkoli: ©Baiba Opule
S. 64, Schalotte: ©Bert Folsom
S. 66, 76, Reis: ©mayakova
S. 66, Mozzarella: ©Bozena Fulawka
S. 68, Kartoffeln: ©Natika
S. 70, Tofu: ©Moving Moment
S. 70, Cornflakes: ©Mexrix
S. 72, 82, Auberginen: ©grey
S. 72, Tahin: ©baibaz
S. 74, Linsen, rot: ©kolenikovserg
S. 74, 82, Knoblauchzehen: ©Christian Jung
S. 74, 100, Kurkumapulver: ©sommai
S. 76, Linsen, braun: ©osoznaniejizni
S. 78, Hirse: ©xamtiw
S. 78, Süßkartoffel: ©designelements
S. 80, 102, Kartoffeln: ©sp4764
S. 80, Maronen, geschält: ©zcy
S. 82, Basilikum, gehackt: ©nataliazakharova
S. 82, Parmesan, gerieben: ©maxsol7
S. 84, Basilikum, Strauß: ©TheFarAwayKingdom
S. 84, 86, Pinienkerne: ©kolenikovserg
S. 84, Limettenhälfte: ©Roman Samokhin
S. 86, Brennnesselblätter: ©Viktor
S. 86, 98, Limette: ©rimglow
S. 86, Vollkornnudeln: ©laufer
S. 88, Hackfleisch: ©Wolfgang Mücke
S. 88, Spaghetti: ©Maxim
S. 90, Glasnudeln: ©Alexander
S. 90, Rindfleisch: ©karandaev
S. 90, Teriyakisosse: ©New Africa
S. 90, Pakchoi: ©kaiskynet
S. 92, Rindergeschnetzeltes: ©magicpitzy
S. 92, Süßkartoffeln: ©nd700
S. 92, Schalotten: ©vvoe
S. 94, Paprikas: ©New Africa
S. 94, Schweinesteak: ©kolesnikovserg
S. 94, Sahne: ©oriori
S. 96, Tortillawraps: ©Gcapture
S. 98, 102, Lachsfilets: ©PhotoSG
S. 98, Vollkornpaniermehl: ©gravran333
S. 100, Dorschfilet: ©womue
S. 100, Äpfel: ©natika
S. 100, 118, Birnen: ©volff
S. 100, Ingwer: ©Natalja Stotika
S. 104, 112, Zucker: ©mayakova
S. 104, 106, 112, Hefewürfel, halb: ©Jiri Hera
S. 108, Hefewürfel: ©Natallia
S. 108, Rohrohrzucker: ©Elena Odareeva
S. 108, Butter: ©bigacis
S. 110, Quark: ©bigacis
S. 110, Koriander, Bund: ©Scisetti Alfio
S. 110, Käse, gestiftelt: ©womue
S. 112, Thymian: ©Natalia Pyzhova
S. 114, Kichererbsenglas: ©Stuart Burford
S. 114, Datteln: ©oxie99
S. 116, Rooibostee: ©Romario len
S. 116, Pfirsiche: ©k--k
S. 118, Orange: ©Maks Narodenko
S. 120, Mandelmus: ©www.jarafoti.cz
S. 120, Rosinen: ©thatpichai
S. 120, Birnen: ©gitusik
S. 120, Vanilleschote: ©Scisetti Alfio
S. 122, Waldbeeren: ©nataliazakharova

Bibliografische Information der Deutschen Nationalbibliothek
Die Deutsche Nationalbibliothek verzeichnet diese Publikation in der Deutschen Nationalbibliografie; detaillierte bibliografische Daten sind im Internet über http://dnb.d-nb.de abrufbar.

Programmplanung: Uta Spieldiener
Projektmanagement: Sabine Ilg
Redaktion: Ursula Brunn-Steiner, Vaihingen/Enz
Bildredaktion: Christoph Frick, Caroline Merdian

Umschlaggestaltung und Layout:
CYCLUS · Visuelle Kommunikation, Stuttgart

Bildnachweis:
Umschlagmotiv:
Rezeptfoto: Daniela Sonntag
Styling: Stephanie Türck
Avocado: ©bergamont - stock.adobe.com
Ei: ©Pineapple Studio - stock.adobe.com
Illustration: Daniela Sonntag
Fotos im Innenteil:
Autorenfoto: Nele Martensen
Illustrationen und Rezeptfotografien:
Daniela Sonntag
Styling: Stephanie Türck
Zutatenfotos: stock.adobe.com
(ausführliches Quellenverzeichnis S. 124)

1. Auflage 2020

www.trias-verlag.de

Printed in Germany

Satz: Fotosatz Buck, Kumhausen
Gesetzt in Adobe Indesign CS6
Repro: LUDWIG:media GmbH, Zell am See
(Österreich)
Druck: AZ Druck und Datentechnik GmbH, Kempten

Gedruckt auf chlorfrei gebleichtem Papier

ISBN 978-3-432-11148-3 2 3 4 5 6

Auch erhältlich als E-Book:
eISBN (PDF) 978-3-432-11149-0